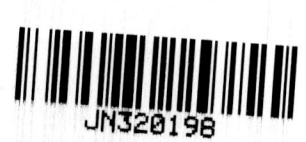

スキルアップ
シリーズ

教師の仕事達人ブック

教師も子どもも
学校が
好きになる

若手教師応援倶楽部【編著】

いかだ社

目次

会議は定刻で始める

Q 1 先生方の会議って時間通り始まらないものなんですか？

会議がたくさんあるのに、約束の時間になっても始まらないことが多い！ 生徒指導や保護者への連絡、明日の準備、忙しいから仕方がないのでしょうか？

A 会議は定刻になったら始めましょう。

学校の仕事は子どもの下校後も山のよう。校内での会議・打ち合わせ、担当によっては違う学校に行っての会議が持たれることもあります。どれも開始時刻は決まっているのに「会議を始めます。至急集まって！」と放送が入ったり「揃うまで、もう５分お待ちください」と言われたり。要領のいい人はこの５分でひとつ仕事を片付けるそうですが、開始の遅れが前提では、事前の約束も無意味になります。司会者の配慮は開始を遅らせることよりも終了時刻を守る方に向けられるべきです。第一、会議の時間にきちんと間に合った人は「急いで子どもを帰したのに……」と損した気分になり、次

Point

■時間の見通しを持って、会議に間に合わせましょう。
■司会者になったら、終了時刻を守れるよう努力する！
■遅れることがわかったら、きちんと連絡することも大切。

は「どうせ５分遅れになるのだから、先に保護者への連絡を済ませてからでも大丈夫」となってしまいます（で、これが５分じゃ終わらないことがしばしば）。反対に会議に遅れた人はそれぞれ「どうしても生徒指導の必要があった」とか「交通事情で先に進めなかった」などの理由があるはず。「申し訳ない！」と思いながらその場所へ入っていくのに、「あれ？　まだ始まってない？　この会議は遅れても大丈夫なんだ……」、それが次回からも遅刻して大丈夫と思わせることになってしまいます。会議は定刻で始めることが、逆に時間を守ろうとする意識を高めることにつながります。

隙間の時間を使う

Q2 とにかく時間が足りません……。

放課後も生徒指導や会議でいっぱいです。やらなければならないことはたくさんあるのですが……。

A 隙間の時間も利用しちゃいましょう！

通勤にどれくらい時間がかかりますか？　片道 30 分ならそれだけ自分の時間があるということです。その時間に大好きな音楽を聴いて思いっきり気分転換するのもひとつの方法。

でも、先生ってその時に抱える仕事が常に頭から離れないということも多いものです。期末評価時期、ふと「○○ちゃんの所見にこんなこと書ける！」と思いついたら……ボイスレコーダーにひと言録音！　忘れていた仕事を思い出したり、他の教科の指導のアイディアを思いついたりした時にも便利です。所見メモとしては放課後再生して転記するために日付と児童名、よい点を短く録音します。万が一を考え、な

Point

■紛失・盗難に備え、管理は厳重に。
■あくまでも思いついたら録音！　録音のための運転は危険。
■公共交通機関では頭の中にメモを。

るべく早く再生・転記処理し削除するようにしましょう。この方法は、自家用車通勤の方におすすめですが、あくまでも集中すべきは車の運転。教員のモラルには社会の目が集中しています。いくらプライベート空間だからといって器楽合奏の指揮練習に熱中しすぎたり、録音時間が長すぎて信号に気づかないなんてことがないようにご注意を。

　公共交通機関を利用している人にも通勤時間は貴重な時間。学芸会前なら、子どもたちの演奏する歌や器楽、練習の様子を録音したものを聞き、指導のポイントを考えることもできます。「声に出さないメモ」を頭の中に……ですね。

Q3 学校の仕事に忙殺されてしまいます。

学校の仕事が多すぎて、自分の時間がとれません。このままだと、どうなってしまうのか心配です。

A 学校の仕事を手抜きするのはもちろんいけません。しかし……。

「忙しい」という字は「心を亡くすると書くんだよ」とはよく言ったもので、「忙しい」と言い続けてそれを打開しなければ、健全な精神状態でいられなくなるかもしれません。

放課後の職員室を見てみると、先生たちはいろいろなタイプに分けられます。サクサクと仕事を片付けて勤務時間で帰宅できる人、遅くまで残って仕事をすることに意義を見いだしている人、少年団活動などに没頭している人……。

自分でやらなければいけない仕事量が人それぞれですし、ライフスタイルもまた様々ですから、「これが正しい」という答えはもちろんありません。

また、学校の仕事の多くは１人でやればよいという性質のものではありませんから、共通意識を持ち協力してすすめな

Point

■共通意識を持つためにお互いの「スタイル」を認めあおう。
■自分のリズムがすべてではありません。
■どんなことでも「ほう・れん・そう！」

ければ全体のものにならないのです。そんな時、重要なのは誰のリズムに合わせるべきかということです。

基本的には勤務時間内で共通理解をはかるべき仕事を展開していく必要があります。そうするためには、この章の項目にでてきている何点かの要素を全員で心がける必要もあるはずです。

しかし、遅くまで残っていて雑談の中から、難題の解決策が見えてくることもあります。そんな時こそ大切なのが「ほう・れん・そう」。その時いなかった人にしっかり「報告・連絡・相談」が必要です。

お互いの生活リズムを認めつつ、よりよい職場づくりを進めたいものです。

Q4 仕事に追われて趣味の時間が持てません。

仕事に追われているので、趣味の時間がなかなか持てないし、趣味を楽しむことにも罪悪感を感じてしまいますが、
これでいいのでしょうか？

A 遊びや知識の引き出しづくりで、自分をブラッシュアップ。

教師の仕事は、毎日大勢の子どもたちと触れあい、様々な出来事があり、１人ひとりのことを考えていると際限がありません。たくさんの教科の毎日の授業準備もあり、保護者の対応は勤務時間では終わらないことも多いものです。つい、休日も休まず仕事に向かってしまいがちになります。こうして仕事にのめり込んでいくと、周りが見えなくなり、問題が発生したときも自分１人で抱え込み、その結果、心の病に陥ってしまうことにもなりかねません。

こんな時、大切になるのが趣味の時間です。「忙中閑あり」と言いますが、短時間でも自分の好きなことに没頭し、仕事を忘れる時間、仕事から頭も心も開放する時間を上手につくることが必要なのです。

Point

■趣味で心身リフレッシュ。
■趣味で得た力を仕事へ活用！

自然と一体になる山歩きやカヌーなどアウトドアスポーツもよいでしょう。のんびり読書や音楽に浸るのも、映画を見に行くのも、友人と遊ぶのもよいですね。そうやって心身をリフレッシュし、また月曜日から頑張ればいいのです。

様々な趣味を持っていて、それぞれに堪能な人は人間的な魅力もあるものです。趣味の世界も奥が深いので、追求するとそれなりに知識も身につくでしょう。自分にとっては単なる趣味であり遊びであっても、遊びの幅が広く知識も幅広ければ、どこかで授業や学級の活動に結びついてきたりもするものです。ですから、罪悪感を感じるのではなく、逆に自分の人間的な幅を拡げ、遊びや知識の引き出しをたくさんつくるためにも、積極的に趣味の時間を持つ努力をすべきではないでしょうか。

多趣味で事務処理も速く、リフレッシュも上手。子どもの前では遊びの引き出しがたくさんあり、知識も豊富。そんな人間的魅力のある教師を目指しましょう。

マインドマップ

Q5 自分がどのような授業をしていきたいのか、見えません。

「自分が理想とする授業展開」はあるのですが、気持ちが先走ってしまい、なかなかまとまりません。

A マインドマップで理想を描こう。

マインドマップというのを聞いたことがありますか。イギリスのトニー・ブザン氏が発明した、中心から放射状に枝を伸ばして項目を整理する方法です。マインドマップは記憶力や創造力を生み出すのに、有効だと言われています。

自分がどのような授業をつくりだしたいのか、どんなクラスをつくっていきたいのかというイメージを、マインドマップで書いてみると、課題がどんどん見えてきます。

実際に「どんな授業をつくりたいのか」でマインドマップをつくってみましょう。

自分が描く理想の授業象を中心に書きます。できれば簡単なイラストで描くとイメージしやすいでしょう。それを達成

Point

■現時点での課題把握が明確にできるマインドマップ。
■授業のまとめにも有効活用できます。
■マインドマップ作成ソフトもあります。

するために、どんなことが必要なのか、枝を伸ばしていくのです。設定する目標によって大きな枝の本数は変わってくるでしょう。

　大きな枝には、さらに細かな小枝があるはずです。それをまた記入していきます。できあがった図を見て、達成された部分、されていない部分を明確化していくと、その時点での課題が浮かび上がってくるはずです。

　このマインドマップ、学級づくりでもいろいろと活用できそうです。どのような場面で活用できるのか、考えてみましょう。

名前マグネット

Q6 誰がどの意見に賛成なのか、ひと目でわかる方法はないでしょうか。

全員発表を目指していますが、時間がかかります。でも、１人ひとりの意見を聞きたい・発表させたい。こんな時どうしたらよいでしょうか？

A クラス全員の名前マグネットをつくりましょう。

授業中、１人ひとりに自分の考えを持ってもらいたい場面はたくさんあります。でも、それを全員に発表させると時間がかかってしまいます。そんな時、１人ひとりの名前を書いたマグネットを用意しておくと、とても便利です。

普段、手を挙げて発表してくれた子どもの意見を板書しますね。何人かの意見が出ると、たいがい同じ意見の人が出てきます。「他に違う考えの人はいませんか」と尋ねて、手があがらなければ、あとはその他の子どもたちに、「自分と同じ意見のところに、自分の名前を貼ってください」と言うのです。自分で貼るのですから、全員が意思表示したことになります。中には、「ここは○○さんの意見と同じだけど、このところはちょっと違います」というような意見が出るか

Point

■カードはラミネート加工をしておくと、長く使えます。
■名前にいたずらをしないように、あらかじめ約束を！

もしれません。それはそれで、新しい意見として認めてあげましょう。

名前マグネットは、他にもいろいろな場面で活躍します。たとえば係活動の役割分担を決める時、係の名前を板書して、「自分の希望する係のところに名前を貼ってきてください」とするのです。希望者が多いところは、「この人たち集まってジャンケンだね」というように、子どもたちにもだれがどこを希望しているのかすぐにわかります。席替えをする時や、提出物を出してない人を知らせたい時にも役立ちます。また、顔写真と名前を合わせて印刷すれば、担任ではない先生が来た時にも安心です。いつでも誰でも使えるように、黒板の隅に並べて貼っておくと便利です。

プチ時系列

Q7 きちんとファイリングしようと思うのですが……。

配布されるプリント類が多くて机の上がいつも雑然としています。片付けると目的の文書がなかなか出てこなくて困るのです……。

A あえて見えるところに出しておきましょう。

書類は普通、内容や種類ごとに分けてファイルに綴じたり引き出しにしまったりします。ところが大事な文書ほどきちんとしまいすぎて、片付けた場所がわからなくなってしまうことがあります。そこで、必要な資料や文書は目につくところに出しておくことをおすすめします。

机上に 100 円ショップの A4 サイズのかごを置き、配布されたものはいったんその中へ。下から配布順にたまっていきます。1週間以内に配られたものは全部その中にある状態にしてしまえばプリントがなくて困るということはまずありません。ある程度たまったら、

① すぐ使うもの・すぐやるべき仕事

Point

■ファイリングは仕分けの後で。
■思い切って捨てることも大切。
■マル秘文書の出しっぱなしは厳禁！

①すぐ使うもの
②すぐ使わないもの
③見たらすぐ捨てるもの
1週間分ためる

② あとで使うもの・資料程度のもの
③ 絶対に使わないもの・見たら捨てていいもの

に分け、②は種類別にファイルへ。紙ファイルは入れたものを取り出しにくいので、リングファイルか 100 円ショップの穴を開けないケースが便利です。

①は仕事別に分け、目立つクリップで留めるか付箋をつけて机の上に出しておきます。置く場所を決め、いやでも目につくようにしておくと、やってしまおうという気になりますので仕事も片付きます。③はゴミ箱へ。捨ててよいか迷うものは、たいがい捨ててしまって大丈夫。必要以上にものを溜め込まないことも大切です。

ノート指導

Q8 「物語の感想ってどう書くの?」と聞かれて困っています。

しかも、やっと書いたノートを見たら「おもしろかったです」でまとめられていてがっかり。いつまでも書けないという子も多く……。

A 早く書けた子のノートをみんなに公開するのもひとつの方法です。

物語文の学習には「感想」がつきものです。最初の感想を書き、学習後にも感想を書かせ……。そのつどノートに綴らせていきますが、「おもしろかったです」でまとめられてしまうことがよくあります。子どもたちなりに考えてはいるのですが、語彙が足りずにぴったりした表現ができないとか、自信がなくてうまく書けないという場合も見られます。

早く書けた子のノートを借りてきて「困っている人は○○さんのノートを読んでごらんなさい」と紹介するのはどうでしょう。そして「同じだなぁと思ったら、まねをして書いてよいのですよ」と投げかけます。子どもって黙ってまねをされると「先生、あの子がまねしました」と訴えてくることが

Point

■早く書けた子をお手本に。
■まねすることは、悪いことではないんだよ。
■その子なりの表現が出てきたらたくさんほめましょう。

多いのですが、「こんなに早く書けて上手です。だからまねをしてもよい」と言われて怒る子はいません。自分もまねをされたくて、紹介された子とは違う書き方で持ってくる子も出てくるでしょう。書く力がなかなか向上しない子も、まねることは比較的簡単。自分で書けたという満足感も持てます。

低学年で「吹き出し」を使って登場人物の心の声を書かせたりする時も、できたものから黒板やボードに貼っていくと楽しくなります。お互いに読みあい、似ている感想を近くに並べかえたりする活動ができるようになると、次に同じような活動をする時にぐんとスムーズに書けるようになっているはずです。

Q9 低学年の国語、指導のポイントはありますか？

1年生の担任になりました。読むのも書くのもたどたどしい子がいて……。どう指導していけばよいのでしょう？

A 意図的に指導すべきことがあります。

入門期の指導では読みにも書きもまず慣れることが目標です。また、学習の仕方は成長とともに身につくものではないので、教師が意図的に読み書きの場面を組み込んでいく必要があります。

たとえば分かち書きを意識させること。低学年の教科書は短い文でも文節ごとに区切られて表記されています。これを「分かち書き」と言います。どこが「、」でどこが「。」でどこに文節の切れ目があるのかにも触れる必要があります。読むだけでなく作文の学習にも必要になってくるからです。何度も読むうちに、驚くほど長い文を暗記する子も出てきますが、頭の中に「あける・てん・まる」が意識されている子と

Point

■「あける・てん・まる」を意識させましょう。
■国語以外の教科でも、読むこと書くことは基本です。
■読めた時、書けた時はたくさんほめましょう。

そうでない子では、その後の作文の表記にも違いが出てきます。作文でも、書きたいと思わせる場面を意図的につくることが大切です。生活科で捕まえてきたカタツムリをみんなで大事に育て最後はまた森に帰してやる、その様子や気持ちを継続して作文にまとめていく……という実践をした先生がいます。高学年でもミミズを飼って説明文の検証をした先生もいます。

ポイントを押さえた音読指導と心にも残る作文指導で、国語力だけではなく「物を見る目の基礎」も養われていくのかもしれませんね。

新出漢字の書き方指導

Q10 次々出てくる新出漢字！正しい書き順を教える方法はありませんか？

とりあえず黒板に書いたあとノートに書かせていますが、正しい書き順で書けるようになりません。

A 子どもと向き合って書くテクニックがあります。

新しい漢字の練習では人差し指を高く上げて空中に書かせたりしますが、先生が黒板に向かって書いていると、子どもの方に体が向きません。そこで、先生が子どもたちを写す鏡のように向き合って、左手を使って書く方法があります。

たとえば、指揮者のまねをして三拍子を振るとします。右手と左手が同時に、しかも線対称に動きませんか？　この要領で右手の人差し指で漢字を書きながら、左手も動かしてみましょう。あなたの左手は空中に漢字を書く子どもたちを鏡に映したように見えるはずです。難しい漢字も右手は右太もも辺りで小さく動かしながら、左手は堂々と高く上げて書くと大丈夫です。先生の体が子どもたちの方をしっかりと向

Point

■まずは先生が１人で練習してみましょう。
■子どもと向かい合ったら堂々と！
■「たて」「よこ」など、先生は常に声を出して！

いていますから、書き順を間違っている子にも気づきやすいはずです。

一度書き順を確かめたら、もう一度画数を確かめながら書いてみるとさらに定着度がアップします。書く時には常に声を出しましょう。二画目が折れる時などは「いち！　にぃーい！　さん！……」という感じです。この「にぃーい！」がポイントで、漢字の形がけっこう整うものです。

ノートには必ず送り仮名を書くことも指導します。また早く書けた子にはその漢字を含む熟語や短文づくりなどをさせると、無駄なく効率のよい漢字練習の時間となります。

相互評価の方法

Q11 先生はいつも同じ子ばかりほめるって言われて……。

できる子って国語も算数も体育もできる。でもどの子にもいいところはあるはず。そこをお互いに気づかせたいのですが。

A 子どもたち同士で評価しあう場をつくりましょう。

計算は早くて正確、跳び箱は６段も軽々！　なんでもできる子っているものです。「あの子みたいになりたいなぁ」と憧れたり「これは負けたくない」とライバル意識を持ったりすることは、お互いを高めあう上で大切なことです。ただ、憧れのままでは「○○さんだからできるけど、私は力がない」とか、ライバル意識は「あの子は嫌い」という方向へ流れがちです。できる子の何がいいのか、できない子なりに何をがんばっているのかを、子どもたち同士で評価しあう場をつくってみましょう。たとえば書写の時間。必ず１枚清書を提出します。それを掲示したら、全員に同じ枚数のシールを配ります。よく書けていると思う作品をシールの数だけ選んで、

Point

■シールや付箋は２～３枚くらいを配布する。
■担任は次の活動につなげていけるようなフォローを。

作品の台紙に貼らせるのです。シールの代わりに付箋を持たせ、感想と自分の名前を書いて作品の横に貼るのもよいでしょう。シールや付箋がたくさん貼られるものはそれなりの理由があります。貼ってもらえなかった子も、次の自分の作品ではその部分に注意しながら書いてみようという気持ちを持たせることが大切です。この活動を何度か繰り返していると「この友だちはここのところが上手になってきました」と変化を認める意見を出す子も現れてきますし、「なんでもできる子」も他の子のよいところを見つけ、さらに自分に生かそうとする姿勢が育ってきます。

進んで決まりを守らせる方法

Q 12 進んで決まりを守る子どもにしたいのですが……。

教師がいちいち「こうしなさい」と注意しなくても、進んで決まりを守る子どもにしたいのですが、どうしたらいいでしょうか。

A 子どもたちにポスターをつくらせて教室に掲示しましょう。

子どもたちは、「ああしなさい、こうしなさい」と上から押し付けられても、本当に必要だという意識がなければ、なかなかその通りにできないものです。そこで、まずは子どもたちに、「教室でみんなが注意しなければならないことを考えてみましょう」と投げかけてみます。そうすると、きっと「らくがきをしない」「教室で走り回らない」「授業中おしゃべりをしない」など、たくさん出てくるはずです。「もっと他にない？」とさらに促して、競い合ってどんどん出てくればしめたものです。その時の気持ちを忘れさせないうちに、すぐに画用紙を渡してポスターを描かせるのです。

ポスターは１人１枚でも、２人や３人で協力して１枚でもいいでしょう。ポスターには、つくった人の名前を書かせる

Point

■画用紙は色と枚数を十分な数用意する。
■ポスターにはつくった人の名前を書かせる。
■教室の適切な場所に掲示する。

ようにします。だれが何について書くかは、子どもたちに選ばせて、だぶらないようにしましょう。あとは、子どもたちのセンスにまかせて、自由に表現させてください。色画用紙も、様々な色を十分な枚数用意しておいて、好きな色を選ばせます。子どもたちはきっと楽しみながら、自分たちで守りたい決まりを絵や文字で表してくれるでしょう。

ポスターができたら、そのメッセージに合った場所に掲示します。たとえば、「窓ガラスに注意」だったら窓の近くに、「チョークを大切に」だったら黒板の横に、というように。自分たちで考えた決まりを常に目にすることで、「決まりを守ろう」とする気持ちが高まるはずです。

トレーシングペーパー活用法

Q 13 ノートに、図やイラストを使ってまとめさせたいのです。

図やイラストを描くのが苦手な子はどうしたらよいでしょうか。

A トレーシングペーパーを使いましょう。

社会科や理科では図やグラフ入りのまとめを書かせる場面も多いです。地図や実験用具の絵などがあると、ぐんとわかりやすいノートができ上がります。しかし「図やイラストが苦手」という子も必ずいます。上手に描けずやる気がなくなっていくのでは、これまた困ってしまいます。

こんな時にトレーシングペーパーを使いましょう。

トレーシングペーパーとは、写し紙のことです。子どもたちは、写し紙が大好きです。写したいものに重ねてみると、透けて見えます。これをなぞればいいだけです。

なぞった後に、写し紙をとって見てみると、あら上手。苦

Point

- ■仮止めを忘れずに。
- ■絵だけでなく文字の学習にも使えます。
- ■最初から全員に配るほうが作業も早いでしょう。

手な子も安心して、図やイラストを写すことができます。写したいものの上にトレーシングペーパーをのせ、テープでちょっと仮止めすると、さらに作業はしやすくなります。描けたらテープをそっとはがして完成！　これを適当な大きさに切り取って、ノートに貼ればよいわけです。着色もできます。

図やイラストが苦手な子も、安心して、さらに楽しく描けるトレーシングペーパー。他にも応用ができそうです。トレーシングペーパーはちょっと高いという場合には、半紙で代用できます。ぜひ、お試しあれ。

簡単な自己評価

Q14 次も頑張ろうという意欲を持たせたいのですが……。

どの教科も、いつもやりっぱなしという感じがします。学習への取り組みを振り返って「次も頑張ろう」と言わせたいのです。

A 自己評価の場面をつくりましょう。

45分の学習が終わりに近づいたら、その時間の様子を振り返り次への意欲も持たせたいものです。残り3〜5分くらいのところで「自己評価」の場面をつくりましょう。低学年であれば「今日のお勉強の感想を教えてください」と聞くと「楽しかったです」「いつもより頑張れました」などと発表してくれるでしょう。各自の机の上に色分けしたサイコロを置き、頑張れたら青い面を上に、頑張れなかったら赤い面を上に置く「テレパシーサイコロ」*と名付けた実践をしている先生もいます。自己評価用紙を準備する方法もあります。ABCの3段階に○をつけたりしますが、用紙の中に「言葉

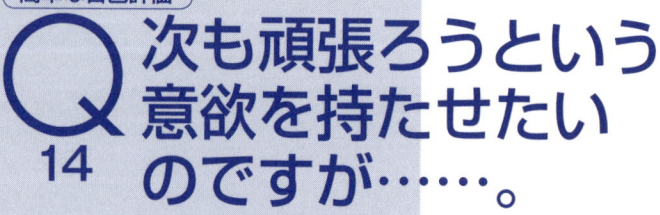

Point

■教科を１つ決めて、取り組んでみましょう。
■全員の意見をチェックしましょう。
■マイナスの意見にこそ授業改善のヒントが！

で書く欄」もあると振り返り度がぐんと高まりますし、先生側の反省にも大いに役立ちます。Ａ４に５回分くらいを連続して記入できるようにすると、学習への取り組みの変化に自分で気づくきっかけにもなります。自己評価は子どもたちの反省であると同時に指導者への評価でもあります。「今日は頑張れなかった」「問題の解き方がよくわからない」などのマイナス意見こそ大切にして、次の時間はより多くの子どもたちに「楽しくよくわかった」と書いてもらえる努力をしていきたいものです。

※「テレパシーサイコロ」北海道江別市立江別小学校　米田麻美教諭の実践です。

Q15 電子黒板を使ってみたいのですが……。

電子黒板はあっても、どのように使ったらよいか、イメージが持てません。

A まず、大きく見せたいものを映してみましょう。

電子黒板が配置された学校が増えてきました。ぜひ、使いたいのですが、授業のどこで使ったらいいか、先行実践が少ない分、イメージしにくいものです。でも、難しく考えず、簡単なことから始めてみませんか。

まず使ってみたいのは拡大機能とペン機能です。

たとえば、ダウンロードしておいた地図を電子黒板に投影する。これですとプロジェクターと同じですが、注目させたい部分を指定して拡大投影し、そこにペンで地名や地図記号を書き込んでいくことができます。

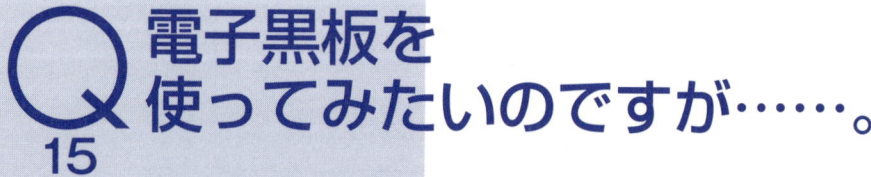

Point

■まずは自分で使ってみましょう。
■拡大機能・ペン機能、すぐに使える機能がたくさん！
■国語や算数でも活用できますね。

理科で植物の観察をしたら、子どもたちにデジカメで撮影をさせておく。これを拡大して映し、おしべ・めしべなどの名称を書き込んだり、茎の長さをメモしたりもできます。さらに、この画面ごとパソコンに保存しておけるので、次の学習にも活用できるわけです。

まずは、電子黒板のソフトをインストールして、つないでみましょう。授業での活用方法がどんどん浮かんでくるはずです。

最初の調理実習

Q16 家庭科が始まる！５年生は心から楽しみにしていますが。

最初の勉強が「生活時間の見直し」では、子どもも教師もちょっとつまらないような気がします。家庭科への意欲がさらに高まるような展開はありませんか？

A 楽しみにしている授業開き、おいしく始めてみませんか？

高学年になり新しく家庭科が始まります。どの子も期待でわくわくしています。家庭科の学習は調理実習だけではありませんが、やっぱり食べることは楽しく魅力があります。「簡単おやつの本」などを見ると45分以内でつくって片付けまで終わるようなお菓子がたくさん紹介されています。「りんかけまめ」（ピーナッツの砂糖がけ）はつくるのも食べるのも楽しいですよ！（つくり方はイラストを参照）

食べ物づくりをしたら、材料の袋もすぐに捨ててはいけま

Point

■短時間でも調理は可能。
■次の活動につながるような働きかけをしましょう。
■食物アレルギーの子を把握しておくことは必要です。

りんかけまめのつくり方 Cooking

材料

★ピーナッツ皮なし ……100g
※バターピーナッツでも OK
★砂糖 ……100g　※黒砂糖でも OK
★水…………50cc　★好みでシナモン少々

つくり方

1 鍋に砂糖と水、シナモンを入れ混ぜ合わせる

2 ①に強火にかけてはしでかき混ぜながら砂糖を煮溶かす。あわがぷくぷく立ってきたら火を弱め、ピーナッツを入れ火から下ろす

3 木べらで動かしながら混ぜ続けるといつの間にか出来上がり～

おいしい

せん。賞味期限や品質の表示にも注意させるよいチャンスです。材料を買った時のレシートも素敵な資料になります。「りんかけまめをお店で売るとしたら？」と投げかければ、パッケージやラベル、内容量、販売価格などをどうするか……と自然に展開していくこともでき、それは生産の仕組みに気づかせたり、賢い消費者を育てたりすることにもつながります。「家庭科→調理→楽しかった」という印象が、その後の学習活動の意欲の持続にもつながるはずです。

【参考資料】りんかけまめ　『生活実用シリーズ NHK きょうの料理特選 30 分でつくるおやつ』日本放送出版協会

実習…早く終わる子

Q 17 家庭科のミシン実習。要領のよい子はすぐ終わってしまいます。

ナップザックの製作をしました。早くできる子とそうでない子の時間の差が大きすぎて……先に終わった子には何をさせればよいのでしょう？

A 縫い方の手順を画用紙にまとめさせましょう。

ミシンでも手縫いでも要領のよい子はさっさと完成させてしまいます。先に終わった子には自分の作業を振りかえる意味もこめて、「縫い方の手順」をまとめさせましょう。「来年同じものをつくる子たちがそれを見て手順がわかるように、楽しいまとめをつくってくれないかな」と提案すると、張り切ってつくり始めます。「ナップザックをつくるには……」とか「○○ちゃんのミシン教室！」などタイトルも工夫させます。「自分しか知らないミシンがけのコツ」「私はここで失敗した！」などのコラム風コーナーが登場したりして、雑誌の記事も顔負けのカラフルでアイディア満載のまとめが出来上がるでしょう。これを家庭科室や廊下などに掲示しておく

Point

■オリジナルのまとめを楽しくつくらせましょう。
■「失敗したこともいい記事の材料なんだよ」とアドバイス。
■まだミシンがけをしている子の横でも作業させられます。

と、「来年は家庭科が始まるぞ」と楽しみにしている４年生への意欲づけにもなります。この方法は、調理実習や図工のまとめにも使えます。ナップザックやエプロンの生地（セット）は、今は同じ価格でいろいろな種類のプリントが用意されており、子どもの好みで選ぶことができます。でもあえて無地で同じ色のものを一括注文し「自分だけの工夫をさせる」のもよいです。刺繍やアップリケをするだけでなく、パソコンを使えばイラストや自分の名前のアイロンプリントをつくることも簡単です。教師の考え以上に子どもたちは面白い作品を仕上げるものです。

今日のめあて

Q18 「今日のめあて」がいつも同じなのですが。

朝の会で「今日のめあて」を決めていますが、いつも同じようなものしか出てきません。よい方法はありませんか？

A 年度初めに50音まとめてつくるというのはどうでしょう！

毎日のめあては「言葉遣いに気をつけましょう」とか「けんかをしない」とか「廊下を走らない」など、どうしてもお決まりのパターンになりがちです。

学年が新しくなった時にクラス全員で手分けをして「50音で始まるみんなのめあて」を決めてしまいましょう。「あ……あくびをしない」「さ……さっさと行動する」などの他にも、子どもたちの思いついた楽しいめあてが出てきます。これをかるたの読み札のように紙に書き、50音順に並べて教室の前面に掲示します。朝の会で司会をする日直さんが「今日のめあては『も』です」などと決めれば早いですし、別に

Point

■学校生活の中で達成したいことをめあてにしましょう。
■方言は OK！　その方がぐんと楽しいでしょう。
■つくり直す＝全員が達成！　つくり直しも励みの 1 つに。

「あしたから
いい子になる」
とか？
50 音で
始まる
めあてを！
今日は
「あ」

50 音表を用意しておいて、選んだ文字に印をつけていけば 50 日間は違うめあてが登場することになります。めあてとして掲げなくてもそのクラスではもう達成できている項目が出てきたら、そこだけつくり直してもよいでしょうし、学期ごとに考え直しても面白いかもしれません。

せっかく決める毎日のめあてが守っても守らなくてもよいものでは、決めること自体時間の無駄になってしまいます。自分たちで決めたことを自分たちで達成しようとする姿勢は、小学校の子どもにこそ身につけさせたいものです。

宿題は1日10分

Q19 宿題を出すにも、準備と点検に時間がかかりすぎて……。

プリントを用意するのも手間がかかります。やってきたらその点検もしなくてはなりません。「自分で考えて」と言ったら「考えられない」と言うし……宿題を出すのも大変です。

A 1日10分！　教科書の写し書きをさせましょう。

「自分で考えた方法で、毎日勉強してくるんだよ」と言っても、やっぱり宿題を出さないと勉強はしてこないという場合が多いものです。しかも塾や少年団活動、習い事もあって子どもたちは大忙し。そこで「毎日10分、教科書の写し書き」これを宿題にします。10分書くから「10分ノート」です。書く分量は少なくてもよいので「きれいに書くこと」を目標にします。調子が出てくると10分はあっという間です。「僕はこのごろ20分ノートです」とか「1ページは書くことに決めました。だから私は1ページノート！」などという話題も出てきます。国語だけでなく社会や理科の教科書

Point

■なぁんだ10分だけでいいんだぁ！　と思わせることが大切。
■ 10分以上取り組む子が出てきたらさりげなくほめる。
■ボールペン・万年筆も使わせましょう。

を写すのもよいでしょう。自分の好きなお話の本を使ってもかまいません。また文字がきれいになってきた子には、ボールペンを使わせたり万年筆を使わせたりするのもいいですよ。早く鉛筆を卒業したくて頑張る子も出てくるはずです。

これを「宿題」と決めておくと、プリントを準備し忘れて慌てるということがなくなりますし、点検も毎日同じパターンでぐんと楽になります。1年生で「ひらがな」の書き順や形を教えますが、少し学年が上がってから、この10分ノートの中でもう一度形をチェックしてやるようにすると、子どもたちの文字が格段に上手になっていくのがわかります。

算数は計算ドリル

Q20 計算力をアップさせるよい方法はありませんか？

私の学級では「計算はきらいだぁ」とか「めんどうだぁ」とか言って、なかなか力がついてきません。

A 達成感の持てる繰り返し練習を。

算数は計算が基本！　繰り返し練習して、数字に慣れることが必要です。また、掛け算・割り算の勉強の時はできたのに、次の図形をやっているうちに計算方法を忘れちゃった……という子も少なくありません。計算練習はできれば毎時間続けたいものです。そこで、こんな方法はどうでしょう。模造紙を横長に置き、縦７～８問・横４～５列くらいの間隔に計算問題を書きます。算数の最初は必ずこれを掲示して、よーいドンで計算練習をすることからスタートします。毎日同じ問題でOK！　続けるうちに、どの子も時間内で解ける数が増えていきます。計算が苦手な子も誤答数が少なくなっていく、そこに小さな達成感が生まれます。４～５回続けたら

Point

- ■制限時間は２分～３分。
- ■問題は列ごとに色を変えて書くと、読み間違えが減ります。
- ■ 10 回繰り返して新しい問題にすると気分も変わります。

計算していく向き（右から左へ、下から上に等）を変えれば、答えを暗記してしまった子も「あれ？」と思って計算し直すことになります。時間がきたらすぐに答え合わせ。先生が正答を読み上げ、各自で（または隣同士でノートを交換して）マルをつけさせます。正答数は記録します。各自に記録用紙を持たせてもいいし、先生が名簿順に聞いていくのもよいでしょう。お互いにその数を聞きあって「○○ちゃん、今日は頑張ったね」なんて声が出始めるはずです。この方法ですとプリントを印刷する必要がありませんし、ノートに問題を写して書く練習にもなります。計算練習を家庭学習で取り組ませてもよいでしょう。

Q 21 子どもたちに辞書を引く習慣を身につけさせたいのですが……。

子どもたちが、自分たちで辞書を引いて調べると、いろいろな力をつけさせられると思うのですが、よい方法はありませんか？

A 机に辞書と附箋をセットにしておきましょう。

今の時代は、何でもネットで検索という傾向がありますが、その傾向はどんどん低年齢化しています。漢字は携帯電話で調べればよいと思っている子どももいるくらいです。辞書を引くというのは、大変効果的な学習で、同音異義語に気づいたり、周辺の単語を調べたりして、語彙数を増やすきっかけになります。ただ「辞書で調べなさい」と言っても、なかなか意欲がわかないのも事実です。

そんな時、附箋を使ってみると効果的です。調べた語句を附箋に書いて、出ているページに貼り付けるのです。「あ～これ前にも調べたな」というのは大人でもあることです。子どもたちも、このような作業を繰り返して、いろいろなこと

Point

■学年に応じた難易度の辞書を用意してあげましょう！
■附箋は細く切ったもので十分です！
■図鑑類なども教室に用意しておきたいものです！

が身につくのです。

附箋の効果にはもうひとつ別な意味もありそうです。調べるたびに附箋を貼っていきますから、その子の頑張りの度合いがそこに表れます。それは一生懸命調べてみようという気持ちにつながるのです。よい意味での競争が生まれます。

辞書を引くことが困難に感じなくなると、様々な効果が表れます。国語辞典や漢和辞典をはじめ、辞書の中は情報の宝庫です。未知の世界が大きく広がっているのです。その入り口を開くきっかけさえつくれば、子どもたちがみずから、未知への探求を始めます。

果物の種

Q22 給食に出された果物のタネに興味しんしんの子どもたち。

子どもたちが、給食の果物に入っているタネを気にしてしょうがないのです。

A とりあえず、それを回収して植えてみませんか？

給食の野菜は加熱されて出されることが多くなりました。しかし、果物類はさすがに非加熱です。果物の場合、種子が含まれていることがあります。子どもたちはこのタネにしんしん。「食べてるよ」とか「え～出すでしょ」と大騒ぎ。そんな時、新しい学習のきっかけがそこにあるのです。「タネだったら植えると芽が出るのかな～」の一言です。

もちろんすべての種子が発芽するわけではありませんが、発芽するものもあります。

しばらくたって芽が出てくると、子どもたちは大喜び。これがクラスの宝物になるのです。大人にとって当たり前の現象であっても、子どもたちにとっては驚きの現象です。普段何気なく食べているものの成長過程などに興味を持つように

Point

■デザートのカップなどを回収しておいて活用しましょう。
■希望者は持ち帰らせるなどして、数をコントロールしましょう。
■どんな使い道があるか、普段から考えておきましょう。

なったら大成功です。もちろん、給食だけではなく調理実習で使った野菜から、水耕栽培することも可能です。

そんな時のために、副食として出されたデザート類のカップを回収して保管しておくのもポイントのひとつです。

これをきっかけに家に帰ってからも「やってみたよ」という声が聞かれるようになるかもしれません。授業の場面だけではなく、様々な場面で「知的好奇心」を刺激してあげたいものです。

もうひとつ、たとえばブドウの皮。食べてしまう子もいますが、クラスの分を冷凍保存しておくと、色水遊びや染色にも使えます。サクランボのタネは、乾燥させてぬいぐるみの中に。捨てるものは何もないのかもしれません。

全国のチラシ集め

Q 23 子どもたちに地域性を教えるよい方法はありませんか？

工夫して「自分が住んでいる地域」を他の地域と比較させたいのですが、どうしたらよいでしょう？

A スーパーマーケットの広告を集めてみませんか？

大人になって、子どもの頃の世界がいかにコンパクトにまとまっていたかというのを感じたことはありませんか。行動範囲や距離感で、どうしてもそのような感覚になるのでしょうが、社会科の学習などで、地域についての学習をしていく中で、より実感を持って、他地域と比較することができるよい方法があります。

それは、スーパーマーケットの広告です。物品の流通が随分活発に行われるようになって、食品に「旬」がなくなったと言われますが、全国の広告を比較すると、意外なことがたくさんちりばめられています。

自分の地域では売られることがない魚や野菜、売られる時期が違うもの。さらに、自分が住んでいる近くで生産された

Point

■広告集めは子どもに手紙を出させるのがよいでしょう。
■こちらの広告も送ってあげるのがよいでしょう。
■せっかく集まった広告は大切に保管しておきましょう。

ものが、遠く離れたところでも販売されていることもあるのです。地図帳で学習するだけではなく、このように生活に根ざした取り組みで、一歩踏み込んだ授業展開ができるのです。

この取り組みをしていた中で、気がついたことがあります。沖縄県の牛乳パックに 946mL と書かれているのです。随分半端な数字に感じますが、これは四分の一ガロンに当たります。沖縄の歴史が、今もなお刻み込まれている例です。

広告を入手する方法は、友人・知人がいれば簡単ですが、それが厳しいようであれば、どこかの学校宛に子どもに手紙を書かせてみるというのがよいでしょう。その時には、こちらの広告を送ってあげて、その後も季節ごとに交流できるとよいですね。

手紙を出す

Q 24 子どもたちがわくわくするような情報収集の方法はないでしょうか？

インターネットで調べるのも楽しいのですが、子どもたちが本当に知りたいことを調べられない場合や一方通行な感じもあって……。

A 手紙を書いて、直接聞いてみましょう！

たとえば４年生の社会。住んでいる地域の学習から発展して、都道府県内の気候や産業、特色についての学習があります。そこで、手紙の出番です。調べてみたい町や市ごとにみんなで手分けをして手紙を書きます。30 人いれば 30 市町村から情報を集めることができる可能性があります。質問はできるだけ具体的に。その後の展開も考えて、共通の質問事項をみんなで考えてから書くのも手です。国語の学習とコラボさせて手紙や封筒の書き方も学習してしまいましょう。手紙ができたら、学校名入りの依頼文とともに学校の封筒で出します。この方が、返事の来る確率がグンとアップします。

Point

■長期休み前に取り組むと学期初めに手紙の山が！
■必ず学校名入りの依頼文書を入れること。
■海外の場合は、郵便事情などにより返事が来ない場合も……。
■はがきでよいのでお礼を出すのを忘れずに。

あとは返事を待つばかり……。最近は観光課などで対応し、市のパンフレットなどの資料を送ってくれることもありますので、届いたものを見せ合うだけでも大変楽しい学習ができます。５年生の産業の学習でも、６年生の世界の国々についての学習でも同じように行うことができます。

自分が知りたいと思ったことに対して、知ろうと努力すれば答えてもらえる。返事が来る喜び、返事を待つワクワク感。社会とつながっていることを学ぶことは子どもたちにとって素晴らしい体験となるはずです。

1人勉強ノート

Q25 子どもたちが家で勉強したくなるような方法はないですか？

宿題を出してもよいのですが、もっと子どもたちの自分なりの方法で、進んで勉強させる方法はないでしょうか。

A 1人勉強ノートを持たせて、子どものやる気を引き出しましょう。

毎日の宿題は、家庭学習の習慣をつけさせるために大切なものです。しかし高学年にもなれば、与えられた宿題だけをやればよいというのではなく、自分なりに考えた勉強方法を確立させたいものです。各自に家庭学習用のノートを１冊準備させ、「1日1ページ何かを書いてくる」ことを目標にさせます。はじめは漢字の練習とか、授業で書いたノートを写してくるだけかもしれませんが、やってきたことを認めてほめてあげましょう。慣れてくると、調べ学習をしたり、授業のノートを自分なりにきれいにまとめてきたりする子が出てきます。そのようなノートをコピーして掲示すると、みんなのお手本になります。

評価の仕方も工夫しましょう。１枚のシートにシールを貼

Point

■各自の能力に合わせた学習法をいろいろと模索させます。
■模範的なノートはコピーして掲示します。
■目標を設定して、全員が頑張れるような工夫をします。

シールがいっぱいに
なったら～
ドッチボール大会!
がんばるぞ

るマスをつくり、１ページ書くごとに１枚ずつシールを貼らせたらどうでしょう。シートをすごろくのようにデザインしたり、先生がノートの書き方でランク付けをして、シールの色や形を変えたりするのもよいでしょう。シートは教室に掲示し､だれがどのくらい進んでいるのか見えるようにします。そうすることにより、頑張っている子をみんなが高く評価するようになります。先生が１人ずつ点検したら、その場でシールを渡して自分で貼らせるようにすれば手間も省けます。ポイント制にして、何点になったら賞状をあげるとか、全員が１冊終わったら体育館でドッヂボール大会をするなど、子どもたちに目標を設定してあげると、より効果的です。

本人を見つける方法

Q 26 配ったはずのプリントが１枚だけ落ちていて……。

誰が落としたかわからない、聞いてもみんな持っているという。えーっ!?「ちゃんとしまいなさいっ」て言ったのに！

A あせらず、確実に見つける方法があります。

来週の時間割などのお知らせプリントは確実に持ち帰ってもらわないと、先生も保護者もその子も困ります。でも子どもってその時は困らない。だから「誰の？」と聞いても確かめずに「ありまーす」と答えがちです。こんな時は次の順に聞いてみましょう。

① このプリント、持っていますか？ 一度出して手に持って！

② プリント持った手を上にあげましょう。

③ 隣の人（または班の全員）が持っていたら下げてもいいですよ。

すると、たいていの場合は「あぁ……君でしたか……」と、

Point

■先生もあわてないで、プリントを確かめさせましょう。
■子ども同士で声をかけあう習慣を。
■プリント配布にも時間の余裕を持って。

あれれ…
!
みんな〜
プリントを
持った手を
あげて〜

うっかりさんを見つけることができます。その子のおかげ（?）でずっと手をあげさせられた子たちからは「ちゃんとしまっておけよ」と声がかかることがほとんどですが、こうして子ども同士で注意しあうことも、同じ失敗を繰り返さないためには大切なことです。

低学年では、プリント配布にもけっこう時間はかかるもの。紙をきちんと二つ折りにできない子も多いです。クリアファイルを持たせて、もらったものを必ずしまうようにするとか、時間があれば「プリントの右上に必ず名前を書きましょう」といった方法も、持ち主探しをしなくて済む方法です。

テスト用紙の回収

Q 27 テストの後、集めた用紙は向きがバラバラで困ります。

テストの丸つけに、意外なところで時間がかかります。上下、表裏がばらばら……まずそれをそろえるところから始めなくてはなりません。

A 向きをそろえて集めましょう。

テストやドリル問題など、プリントを回収する場面は日常よくあります。列の後ろから集める、班ごとに集めるなど、ほとんどは子どもたちが回収しています。ただ子どもたちの集めるテスト・プリント類は上下も裏表もバラバラということが多いです。低学年だと縦横もそろっていない場合があります。大人にとって「向きをそろえること」は当たり前ですが、こんなことも子どもたちと確認をしておくと、その後の採点作業などが、ぐんとスムーズになります。

「表を上にして集めましょう」「自分のプリントの上に、前の人のプリントを乗せていきましょう」など、わかりやすい言葉で約束を決めましょう。１年生ですと、両面印刷してあると、どちらが表なのかわからない場合もありますから「ここに赤いマルがついているほうが表ですよ」という確認も大

Point

■用紙の向き（表裏・上下・左右）に注意させる。
■簡単なことでもできたらほめる。

よく
できたね！
こりゃ～
先生も
助かるよ
○月△日(□)
ちゃんと
そろえて…
こっちが
上で…

切です。もちろん上手に集めてきた子には、「よくできましたね、先生も助かるよ！」とほめ言葉をかけることも忘れずに！　席替えをすると集める役の子が変わりますが、繰り返し指導していくと、どの子も意識して上手に集められるようになります。

日常のちょっとしたことに気づく子がいるかどうかで、教室の住みごこちは変わってきます。「カーテンを開けてね」と言われたら「タッセルでまとめるところまでやっていいのよ」、「ほうきを持ってきて」と頼まれたら「ちりとりも持っていくと気が利いているね」というやり取りを続けていると、自分から何かを見つけようとする子が育ってきます。指示待ちを嘆くのではなく、気づくポイントを示してやることも大切です。

番号札の発行

Q 28 ずらっと並んだ子どもたち、よい待たせ方はありませんか？

書きあがった作文を順に添削したり、リコーダー演奏を順に聴いたりする時、ずらっと列ができてしまいます。これが、おしゃべりを誘発し、うるさくなって……。

A 番号札を発行しましょう。

　先生に読んでもらいたい、聴いてもらいたい子どもたちは「さぁ持ってきて！」と言うと張り切って並びます。しかし１人ずつ丁寧に見ていくと当然時間がかかり、待つ子どもたちもざわざわし始めます。「あぁ、この時間にも作業をさせておきたいのに……」と思いませんか？　そこで「番号札」です。銀行や郵便局の順番待ちで発行される、あのイメージです。

　子どもたちを並ばせたら順に番号札を渡します。そのあとは、「１番の方～」と呼ぶと、どの子も番号札を握りしめて嬉しそうに出てきます。札を返してもらったら、残った札の一番下に入れておけば、繰り返し発行できます。呼ばれるまでの時間、子どもたちは自分の席で作文の読み直しやリコーダーの練習をすることができます。内容によっては、次に呼ばれる番号の子に限り並んで待たせるようにすると、進行が

Point

■何度も使える丈夫な札を用意する。
■番号札を取りに来ていない子にも注意を払う。
■１時間の中でできるだけ全員を呼べるように。

さらにスムーズになります。初めに札を取りに来なかった子も、自分の準備ができてから取りに来ればよいわけです。先生の手元に残った札が取りに来ていない子どもの人数ですから、教室をぐるっと見回して「作業をしているかどうか」をチェックすることもできます。番号札は年度初めにクラスの人数分の番号（＋α）をつくっておけば、途中の転入があっても大丈夫。ラミネート加工しておくとさらに長持ちします。

授業の中に個別指導を取り入れると、１人ひとりの理解や定着の様子を詳しく見ることができます。また「できていない子が多いな」と感じたら、それは指導の仕方を変えたり工夫したりする必要があるということ。個人指導は時間の無駄が多くて……という悩みをこの番号札は大きく改善してくれます。

いつでもどこでも教材研究

Q29 教材研究って、いつ何を調べればよいのでしょう？

教材研究が必要とわかっていても、日々の仕事に追われてしまい、なかなかつっこんで細かく調べたり、準備したりできなくて困っています。どうしたらよいでしょうか？

A 常にアンテナを立てておき、身近な情報をキャッチ。

教材研究と大上段に構えると、なかなか難しいものですが、日常的にできることで教材研究として役立つこともあります。まずは、日頃から身の周りの様々なものに興味を持って接することです。

部屋の中では、テレビのニュースや様々な番組があります。漠然と見ていると、ただ過ぎ去ってしまいますが、流れている映像の中から授業に使えるものを見つけ出せることも少なくありません。次に新聞です。日頃関心を持っている授業に関わる記事が、目に飛び込んでくることもあります。

部屋を出て外に行くと、自分の家や学校の周辺に、授業で使えそうな事柄が転がっているものです。どんなに都会でも、小さな花壇や芝生に、季節を感じさせる草花や木々が。植物の周辺には昆虫や小鳥なども、元気な姿を見せてくれます。

休日には博物館や美術館もよいでしょう。ちょっと温泉等

Point

■いつでもどこでも教材研究。
■アンテナを立てれば、何かしら引っかかってきます。

今年１番最初に
「春」を感じた
ものは？
夕食に
菜の花の
天ぷらがでた
ツバメを
見た！
お母さんが
花粉症に…
チューリップが
咲いていた

へ日帰りの小旅行でも、往復の道すがら、今まで気づかなかったものが見つかったりもするものです。

大切なことは、常にアンテナを立てておくことです。興味を持つ事柄が多ければ多いほど、ちょっとした時に、関連する事柄がアンテナに引っかかってくるからです。

次に見つけたものを収集、整理する道具を持ち歩くことです。デジタルカメラは、今や必需品です。写真を趣味にするのでなければ、そんなに高性能なものは必要ありません。携帯電話のカメラでも充分活用できます。

行った場所で手に入るパンフレット等も役に立ちます。これは帰宅後に整理すると、使い勝手は更に向上するでしょう。A4 の透明なケース等に、地域ごとに分けて入れておくと、見やすく、使いやすい保管ができます。

学校には政府関係の機関から、様々な資料が送られてきますが、この中にも使えるものが眠っていたりします。時々掘り起こしてみることをお勧めします。

Q30 給食の準備や片付け時に床が汚れて困っています。

お皿やカップのおかずを運ぶ時、中身がこぼれて床が汚れる……、これが毎日続いて困っています。何かよい方法はありませんか？

A 動線を考えてみましょう。

給食時の配膳でこぼしてしまう子がいる場合、その後始末を指導することが大事なのは言うまでもありません。低学年なら、教師がやり方を見せ、子どもと一緒に片付けましょう。少しずつ自分たちだけでできるようになります。大人が片付けてしまったほうが早いのですが、自分で後始末させることは大事な指導です。

さらに、失敗の原因を考えさせることも必要です。子どもに「どうして、こぼしちゃったのかな」と原因を考えさせれば、「よそ見をしていたから」など、自分の行動を振り返り、

Point

- ■教室環境に応じて、一番よい動線を考えましょう。
- ■子どもの目線で準備や片付けがしやすいように、配置しましょう。
- ■給食以外でも、動線を考えると何かとスムーズな動きになります。

次から気をつけようとする態度を育てることができます。

ただ、教室でこぼす回数が多いようなら、「動線」を見直してみましょう。子どもたちは、他の子とぶつかったり、ぶつかるのをよけたりする時によく失敗をします。特に味噌汁やスープ等の汁物は、そっと運ぶわけですから、バランスを少しくずしただけでもこぼしてしまいます。ですから、動線は一方通行がよいでしょう。流れに迷うと絶対にぶつかるからです。低学年では、教師が同じ流れに並んで一緒に動いてみるのもよい方法です。

机の上の基本位置

Q 31 机の上がいつもバラバラ、どうやって準備させればよいでしょう？

教科書・ノート・鉛筆・消しゴム……机の上はせまいのに、必要なものがたくさん！　その確認だけで時間が過ぎてしまいます。

A 机の上の基本形を決めましょう。

入学直後１年生の勉強は、まず教科書・ノートの並べ方や、机の中へのしまい方からスタートします。どの学年でも年度初めに担任と子どもたちとでこれらを確認しておくと、学習に入る環境がスムーズに整うでしょう。高学年になると辞典や定規類、社会・理科の資料集などを使うことも増え、机の上が乱れてきがちです。「教科書は左、ノートは開いて右、鉛筆１本と消しゴム」という基本形を呪文のように、時には鼻歌で繰り返しているうちに、そう並べるのが自然になってきます。教室の掃除用具ロッカーの中も乱れがちではありませんか？　ほうきやちりとりなどの形を紙に描いて貼り、そ

Point

■子どもが覚えやすい言い方で、机の上の基本形を決める。
■シルエットや写真も使って視覚にもわかりやすく。
■でも、最後は必ず教師が点検を！

「教科書ひだり〜」の歌
作曲（鼻歌ヤマダモトコ）
教科書 ひだり ノートはみぎ
えんぴつ 1本と けしゴムよ〜
ふでばこつくえに しまいます〜

のシルエット通り戻すようにするのも、子どもたちできれいに片づけることを促す方法です。デジカメ写真で「こうしてね！　ペタッ」と貼っておき、それを見て元に戻すというやり方もあります。

　紙に型を描いたり、デジカメで掲示しておく方法は、理科室や家庭科室・図工室など、時々しか使わない場所の備品置場の整理にも活用できます。あらかじめ片付け場所を知らせておくことで、事前事後の先生の作業もぐんと時間短縮になります。

通知表の準備

Q32 通知表の所見が書けずに困っています。

所見を書き始めましたが、あの子とあの子、
どうもうまく書けないんです。
よく話もしている子なのですが。

A 日頃から資料をためておきましょう。

期末の評価時期、通知表の所見を書こうとして「あれ、この子って何を頑張ってたかな？」と考え込んでしまうことがあります。「困った！　どう書こう？」という子は毎回必ずいるものです。

普段から書き込む欄のある座席表を用意して「よい発言をした」とか「友だちの手助けをしていた」など日付と一緒にメモしておくと、家庭に知らせたいその子のよさを忘れないでおくことができます。

係活動を更新した時、学級通信で知らせましょう。通信を見返すと特別活動の欄はすぐに書き込むことができますし、係活動の様子を思い浮かべることもできて便利です。

Point

■よいところはメモして、ためておきましょう。
■マイナス面も同時に記録しておくと、その後の変化にも気づきやすいです。

学習への取り組みの様子や生活の仕方を、毎月末に自己反省させておくと、これも資料として活用できます。

この方法は学期末だけに反省させるのではないので、その子自身が１か月を振り返って「次はこれができるようにしなくちゃ」という意欲づけにもなります。「あら、今月も忘れ物が多かったねぇ」など、担任と子どもとのやり取りを増やすきっかけにもなります。

委員会やクラブ活動の担当者から情報をもらうのもよいでしょう。担任とは違う観点でその子のよさを表現してくれるはずです。

保護者を動員する

Q 33 危険を伴う作業……1人で指導するのは大変です。

調理実習、ミシン縫い、木版画など、子どもが楽しみにする作業ほど危険が伴って不安です。大人は私 1 人だし……。

A 保護者を動員しましょう。

包丁、彫刻刃、カッターや針を使う実習は常に危険と隣り合わせ。安全に気をつけて作業を進められるように、最初にきちんと約束事を決めておくことは大切です。それでも担任（大人）が1人しかいないのは正直不安です。

危険を伴う作業・実習の時には、保護者にも声をかけ、積極的に参加してもらいましょう。1時間全部が無理なら「ちょっとだけ様子を見に来てください」でもよいのです。それが家庭科の実習だったら、保護者（お母さん方）の方がプロということもあります。担任以外の大人がその場にいてくれると、個別指導をしていても安心。また来てくれた大人が担任とは違う観点で子どもたちをほめてくれたり、ちょっとしたコツを教えてくれたりして、作業の効果が上がること間違いなしです。学芸会の準備時期「劇の大道具・小道具づくり」

Point

■保護者に来てもらいたい時間や内容を事前に知らせておく。
■そこでの作業内容を簡単に説明する。
■終わってから感想を聞いておくことも大事。

ねこの手に
してね〜
先生
卵は？

を手伝ってもらうこともできます。図工や美術が得意だったという人が素晴らしい道具をつくってくれてびっくり！　学芸会当日も「あれ、私がつくったと思うと子どもの出番以上に嬉しかったです」という感想が出てきたりもします。

１年生が給食や教室掃除を開始する時期にも保護者に声をかけてみましょう。学校での様子が気になる１年生の保護者ですから、毎日何人かは必ず来てくれるはずです。「うちでは好き嫌いが多くて……」とか「家でも雑巾しぼりの練習をさせてみます」などミニ懇談もできて、学校と家庭との信頼関係を築くチャンスにもなります。普段の子どもたちの様子を見てもらい、参加してもらう場をつくることがいろいろなところでプラスになっていくはずです。

はしりもの・かわりだね通信

Q34 子どもたちがいろいろなものを拾ってくるのですが……。

それは、ものをみる目を養う絶好のチャンス。
「何持ってきてるの～！」なんて言わないで、
うまく使う方法を考えましょう。

A 「はしりもの・かわりだね通信」を子どもたちと一緒につくっていきましょう。

子どもたちの観察眼はすばらしく、私たち大人が全く気づかないようなものも随分よく見えるようです。朝の登校時に、ちょっとした休み時間にといろいろなものを見つけてきます。大人の感覚で「こんなもの」と感じるようなものだとしても、見つけた子どもたちにとっては大切な宝物。共感してあげる姿勢がコミュニケーションの第一歩。子どもたちが持ち込むものには、その年はじめて出てきた「はしりもの」だったり、ちょっと変わった「かわりだね」だったりするものです。

百聞は一見にしかずとはよく言ったもので、「へ～これがあの番組でやっていた……」となるのは必至。子どもたちが持っているＴＶなどからのバーチャル情報はすごい量です

Point

■発見者を認めてあげましょう！
■実物も一緒に掲示できればベスト！
■無理な場合はデジカメなどを駆使して！

が、実体験に即したものが、最近ますます減少していると言われています。それを回避するにも効果があるでしょう。

発見してきたもので、通信をつくってみるのはいかがでしょうか。石や木の葉のような物であれば、実物と一緒に掲示すればよいでしょうし、デジタルカメラで画像で残しておく手もあります。「これは、□□ですよ」という情報に「○○さんが@@で発見しました！」という情報も合わせて発表し、発見者を認めてあげましょう。季節の移り変わりや学校周辺の環境の多様性に気づかせる貴重な情報源になっていくのです。このような取り組みを続けていけば、「アオムシを観察したいんだけど、どこにいるかな」などというこちらのニーズも案外簡単に解決する糸口にもなるはずです。

自分で調べるにはちょっと無理があるかもしれないな……というような時には、教室に図鑑をそろえて、子どもたちに調べさせてみるのもよいでしょうし、職員室内の「その道の達人」に教えてもらうのもよいでしょう。

そんな情報の蓄積が、やがて保護者や地域を巻き込んでいくことになっていくかもしれません。

給食準備の目標時間

Q35 給食準備に時間がかかりすぎるのですが……。

もっと早く準備できそうなのに、当番以外の子が遊んでいたりして着席しません。食べる時もしゃべってばかり。残さず食べさせるには時間がなくて困っています。

A 準備時間の目標を決めましょう。

給食の準備にはどれくらいの時間をかけていますか？　もっと時間短縮できそうなのに、遊んでいて席に着かない子がいたり当番の手順が悪かったりで、結構無駄な時間が流れてしまいます。学級が新しくなったら、最初の１～２週間位は準備の様子を観察しましょう。時間を計っておくのもよいですね。そして「みんなの給食準備、毎日 15 分くらいかかっているんだけれど、これを 13 分に短縮できないかな？」と提案します。子どもたちは「2 分くらい簡単」と答えるでしょう。「じゃあ目標は 13 分ね。これをオーバーしたら……そうだなぁ、いただきますした後、そのオーバーした分だけ黙って食べるっていうのはどう？」とさらに提案。おそらく

Point

■あわてずに、まずは実態を観察してから。
■１～２分の短縮は簡単！　と子どもたちに言わせることが肝心。
■オーバー時間は秒単位できっちり計ります。

子どもたちは面白がって「いいよいいよ」と言うでしょう。「先生、じゃぁ、13分より短かったらどうするんですか？」という声も必ず上がりますから「それは素晴らしい。その分は貯金のようにためましょう。それが45分（1単位時間）になったらお楽しみ会をしましょう」「よぉし、やろう」となります。

これで準備時間が短縮できれば、さらに目標時間を短くしていけばよいわけです。短縮できなくても食べ始めの数分間のおしゃべりをストップさせるだけで、給食の残食は激減。

食べ残さないことが何よりのエコにつながります。

Q36 保護者の言動が気になってしかたがありません。

モンスターペアレンツとまではいかなくとも、保護者の苦情めいた質問は苦手です。どうしても接触をさけてしまいますが、いけませんか？

A 保護者と教師は、同じ目標を持った仲間です。

保護者は、文字通り「子どもを保護する」立場です。自分の子どもが可愛くて仕方がありません。親ですから当然です。保護者は子どもの健やかな成長を願っているのです。

では、教師の立場は何でしょう？　やはり、担当している子どもたちの健やかな成長を願って、日々奮闘している存在です。教師と保護者は、同じ目標を持った者同士。違うのはその対象が、保護者は自分の子どもが中心、教師は学級の子どもたち全てだと言うことです。

言動が気になってしまう保護者の情報源は何でしょう？ほとんどは自分の子どもの話。そして同じ立場の保護者間の交流だと考えられます。つまり、情報が偏っていて少ないのです。ですから、普段から学級の様子を日常的に発信していく必要があります。この手段として大きな役割を果たすのが

Point

■教師と保護者は、同じ目標を持った仲間。
■信頼し合い、協力できれば大きな力に。

学級通信です。学級通信には頑張ったことや、よかったことを中心に、困ったことなども教師の思いも含め掲載しましょう。これで子どもの視点からだけではない、学級の情報を伝えることになります。

気になることは早めに電話をする、連絡帳に書いて知らせるということも大切です。保育園では毎日子どもの様子を連絡帳で知らせるところも多いです。入学前にこのやり取りに慣れている保護者には、連絡帳の活用がスムーズに信頼関係をつくっていくきっかけになるかもしれません。信頼し協力する関係が築ければ、子どもたちへの教育効果も高まるはずです。そして、何よりも大切なこととして、子どもたちとの信頼関係を構築しなければならないのは言うまでもありません。どの子どもたちにも公平に、分け隔てなく接する。何か問題があった場合には迅速に行動する。そうやって子どもたちに信頼される存在になれば、保護者からの信頼も得られるでしょう。

班日記

Q37 みんなが仲良しになれるよい方法ってありますか？

いつも一緒の仲良しグループの中だけでなく、クラスのみんなを仲良しにするよい方法があったら教えてください。

A 班日記を書かせてみましょう。

子どもたちは、特に高学年になると、どうしても仲良しグループで集まりがちです。そうなると、別なグループの子たちとはあまり話をしなくなったり、どのグループにも属せないで孤立してしまう子も出てきたりします。共通な話題がないということが、話をしない原因のひとつにもなっているはずです。そこで、班で１冊のノートを用意して「班日記」とし、輪番制で日記をつけさせてみましょう。

班の中でノートを回す順番を決めさせ、当番の人は家に持ち帰り、その日の出来事や自分のことなど、何でもいいので何かを書いて翌日持って来させます。朝、担任はそのノートを集めて、できれば簡単にでもコメントを書きます。そして帰りには次の当番の子どもに渡します。日記を受けとった子は、前に書かれてある他の人の日記を読むのも楽しみでしょ

Point

■書くことを負担にさせないようにしましょう。
■悪口は絶対に書かないことを全員で確認しましょう。

う。書くことがなくて、得意なイラストでノートを埋める子がいるかもしれません。「今日は家で親とケンカして、腹が立った」などという内容があるかもしれません。慣れてきて、みんながいろいろなことを書き出すと、「へぇ～、あの人絵がうまいんだ」とか、「あの人、意外とおもしろい人だな」などという発見もあり、子ども同士の距離がグッと縮まります。普段おとなしい子の意外な一面が、元気な子の発信することばによってみんなに知らされ、一躍クラスの人気者になることだってあります。

席替えや班替えをすると、違う人の日記交換になるので、だんだんとクラス全員がお互いをよく知るようになり、学級の人間関係がよくなっていくはずです。

毎日の出来事を短冊に

Q38 子どもたちが自主的に今日の反省に取り組む方法はありませんか？

反省というと悪いことばかりが出てきます。自分たちの頑張りに気づいたり、成長の足跡を残せるような活動はないでしょうか。

A 毎日の出来事やひと言感想を短冊にして掲示していきましょう。

教室の壁の上のほうは空いていませんか？　そこに毎日の出来事やひと言感想を書いた掲示物を貼っていくのです。準備するものは白上質紙を短冊状に切った紙とカラーペンだけ。最後はぐるっと教室を囲むように短冊が並びます。

初めのうちは先生が「今日はこんなことがあってみんな偉かったね。楽しかったね」なんて言いながら、用紙の上のほうに日付、文字の色を変えて出来事・感想を書き掲示していきます。慣れてきたら日記係をつくって、係活動として取り組ませましょう。帰りの会で係児童がみんなに聞くことで、子どもたちは自然と１日を振り返り、自分たちの頑張りや

Point

■全部貼り終えた時の教室をイメージしましょう。

■子どもたちの活動になるよう働きかけることが大切。

失敗に気づけるようになります。この時間が大切です。

子どもの言葉で、子どもの文字で、１年かけて掲示物をつくり上げていくのです。

学期ごとの振り返りの時間にも、この掲示物は威力を発揮します。「いついつはこんなことで叱られたから２学期はなおそう」「こんなことができて、○年生らしいってほめられてうれしかったね」などなど。

１年たって足跡として読み返した時に、楽しかったことや心に残ったことなどが鮮やかによみがえるに違いありません。

顔写真の活用法

Q39 顔写真を効果的に使う方法はないでしょうか？

デジカメで撮った子どもたちの写真を、学級でもっと活用したいのですが、どうすればよいでしょうか。

A 顔写真をシールにしたり、裏にマグネットをつけたりします。

最近はデジカメで撮った写真をカラープリンターで簡単に印刷できるので、写真をさまざまな場面で活用することができます。名前だけよりも写真があった方が効果的だと思われる例を挙げてみましょう。

たとえば、シール用紙に顔写真を印刷しておき、習字や作文などの作品を掲示する時に名前の横に貼っておきます。すると参観日などに保護者が見て、どの子の作品なのかすぐにわかります。１年生は名前を平仮名で書くことが多いので、同姓同名の子がいても、ひと目でどちらの子なのかがわかって便利です。他学年の先生が廊下の掲示物を見る時にも、写真があると「あぁ、あの子の作品なのね」とすぐにわかってもらえます。通りがかりに出会ったら、その子をほめてもら

Point

■クラスの子どもたちに納得してもらった上で、写真掲示を活用しましょう。
■事前に保護者に了解を得ることも必要です。

えるチャンスが増えるかもしれません。クラス替えをした年度始めは、自己紹介カードに貼らせるといいでしょう。

写真用紙に顔写真と名前を一緒に印刷し、裏にマグネットをつけておくと活用範囲が広がります。たとえば、給食当番や清掃の役割分担などを、係ごとにホワイトボードに貼って掲示するのです。ホワイトボードは 100 円ショップで購入できる小さいもので十分です。役割分担が変わっても、すぐに対応できて便利ですし、学級担任がお休みで代わりの先生が来てくれた時にも、名前と顔が一致するので安心です。

高学年になると、写真を掲示されるのを嫌がる子が出てくるでしょう。印刷して掲示することを了解の上、写真を撮らせてもらいましょう。また、印刷する前に、この写真でよいかと本人に確認をとる配慮も必要です。

掲示にもひと工夫

Q40 掲示物を工夫して教室環境に変化をつけたいのですが……。

せめて学期に１回は模様替えして気分を新たにしたいのですが、手間もかかりそうですし、アイデアが浮かびません。

A 個人目標の掲示の仕方を工夫しましょう。

毎学期の始めには、子どもたちに個人目標を書かせて掲示する学級が多いでしょう。短冊のような紙に目標を書かせて、教室の壁面に並べて貼ったりしていませんか。たとえ書かれている目標は変わっても、１年間同じ場所に同じような紙で掲示していたのでは、変化がありませんね。せっかく毎学期新しくする目標なら、学期ごとにちょっと工夫して掲示すれば、それだけで教室環境に変化をつけることができます。

教室の後ろの壁の天井に近いところなど、広いスペースがとれる場所に、個人目標を掲示します。まずは背景をつくりましょう。たとえば水色のラシャ紙で空、白い画用紙で雲でもいいでしょう。１学期は白い画用紙を卵形に切って、それに個人目標を書かせます。２学期はヒナの形、３学期は空を羽ばたく鳥の形と、成長の順に形を変えて背景の上に貼って

Point

■広くて目立つところに背景をつくりましょう。
■１年間を見通して、目標を書かせる紙の形を決めます。
■先生の願いやメッセージも忘れずに。

いくのです。これなら、時間がかかるのは背景をつくる時だけ。あとは学期ごとに個人目標を貼り替えるだけで、変化に富んだ掲示物になります。

大きな木の枝を背景にするなら、１学期は葉っぱ、２学期は花、３学期は果実といった具合です。真っ黒い背景に、ロケット・天体・宇宙遊泳もよいかもしれません。同じ学級で持ち上がりのクラスなら、２年目は子どもたちに考えさせてもいいでしょう。また、「大空に羽ばたけ○組！」「大きく育て、○組」などという先生の願いを文字で背景に貼ると、その学級らしさが出て、暖かい雰囲気も感じられます。年度始めに１年間を見通して教室環境をイメージし、いろいろと考えることも楽しいものです。

ハッピーメール

Q41 他人のよさを認め合う学級にしたいのですが……。

人の悪いところはだれでも気づくのですが、人のよいところを見つけてほめることのできる子どもに育てたいのです。

A よいところを見つけてほめる、ハッピーメールを書かせましょう。

「先生、○○くんが悪いことしてるよ」。普段、子どものこんな声はよく耳にしますが、残念ながら「先生、○○さんはこんなにいいことしたよ」という声を、あまり耳にすることはありません。他人の欠点はよく見えるのですが、長所は見ようとしないとなかなか見えてこないものです。そこで、クラスでお互いに「あなたのこんなところがすばらしい！」という「ハッピーメール」を書かせてみてはどうでしょうか。

まずは週の始めにくじ引きなどをして、誰が誰にメールを書くかを決めます。そして、週末までにその子の「立派だな」、「えらいな」と思うことを見つけさせてメールの形で書かせるのです。初めは簡単な言葉でかまいません。続けているうちに、どんな時にどんなことをしたといった具体的な内容も

Point

■誰が誰にメールを書くことになったかは、秘密にしておきます。
■同じ人に2回あたらないように、くじを工夫します。
■よいところは、具体的に書かせます。

出てくるでしょう。

教室の壁には、クラスの子どもの名前を書いた小さなポケットをつくっておきます。いわば、それが1人ひとりの私書箱です。メールが書けた人は、相手の私書箱に投函します。全員の私書箱にメールが届いたら、学級活動の時間に取りに行かせて読ませます。メールの下には、書いた人への返事を書くところを設けておいて、返事を書かせるとよいでしょう。何人かに、みんなの前でメールと返事を読ませます。または、メールの読み始めを「私は」に置き換えて読ませると、自分のよさに気づく活動にもつながります。1年を通して定期的にこのような活動をさせることで、人のよい面を自然に見つけられる子どもに育てたいものです。

Q 42 子どもにいろいろなことを考えさせたいのですが……。

身近な出来事に問題意識を持ったり、自分の考えをことばにしたりできる子が少なくなってきました。どうしたらいいでしょうか。

A 書くことは考えること。とにかく書かせてみましょう。

子どもたちに、「どうしてそうしたの？」と聞いても、「なんとなく」という返事が返ってくることが多いものです。頭の中ではぼんやりとした考えがあるのかもしれませんが、それをうまく言葉で表現できずに、「なんとなく」になってしまうのかもしれません。子どもたちに「考える視点」と「表現する場」を与えることで「考えて書く」ことに慣れさせ、他の人の書いたものを見せることで「表現の仕方」を学ばせてはどうでしょうか。

先生が折りに触れて子どもたちにテーマを与え、はがきサイズくらいの用紙に自分の名前と考えを書かせるのです。全員分が集まったら、印刷してみんなに配付します。テーマは、たとえば「最近の教室掃除の様子を見て思うこと」「公園の

Point

- ■タイムリーなテーマは、時期を逃さないように。
- ■よく考えて書いている子をほめましょう。
- ■なかなか書けない子には、こっそりと支援します。

今日のテーマ
「大人にひと言
子ども扱いし過ぎ…とか？
誰でもいい？
お母さん肉中心の食事にして…

落書き、私はこう思う！」「大人にひと言」「運動会、私の目標！」など、タイムリーなものなら何でもいいのです。高学年にもなれば、ニュースで取り上げられている社会問題に対して意見を書かせることもできるでしょう。また、年度始めには１年間の行事予定表を見せて、「私はここで頑張るから見てて！」というような決意を書かせるのもいいです。

配付の仕方にもちょっと工夫をします。両面印刷にしてホチキスで留めるだけの簡単なものでかまわないので、小冊子にして配付するのです。１枚のプリントで渡すよりも大切に保管してもらえますし、ひもをつけて学級の片隅に下げておくこともできます。かっこいいタイトルと表紙をつければ、さらに見栄えがしてよいですね。

はいどーぞ、ありがとう

Q 43 提出物を出す時や、プリントを配る時に、乱雑な子が気になります。

ノートやプリントをていねいに配れない子がいて……。叱るほどでもないけれど、見逃しておくのもちょっと。

A よい行動を、示しましょう。

このような場合、つい「どうして、そんなに乱暴にするの」「乱暴にしないで」と言ってしまいます。その子は、乱暴にしたつもりはないのです。相手に失礼のないように渡す方法を知らないのです。具体的にどのようにしたらよいのか、見せてあげるとよいでしょう。

子どもが、ノートを持ってきた時には、教師の方に向けさせて提出させます。その際に「お願いします」と言う子が学級に１人ぐらいは、いるでしょう。その子を「礼儀正しい子だなあ」とほめます。すると、他の子どもは、礼儀正しいとは具体的にこういうことなのだ、と学習します。ほめられているのを見て、自分もやってみたいと思うようになります。

さらに、列ごとにプリントを回して配布する場合、子ども同士で「はい」という子が必ずいます。その時に「はい、と

Point

■道徳や学級活動も活用すると、全員にロールプレイをさせられます。
■できない子よりも、できている子をほめましょう。
■先生のふるまいが何よりのお手本です。

いう声が聞こえたね。はい、と言って渡されるのと、無言で渡されるのと、どっちがうれしい？」と聞くなどして、子どもたちに考えさせたり、実際にロールプレイでさせたりすると、子どもたちも実感できます。また、教師も「はい、どうぞ」とあえて、ていねいに言う場面をつくって、お手本を示します。子どもから、渡された時には、例外なく「ありがとう」と返します。もちろん、言葉だけでなく笑顔も大事です。

そうしていると、学級開きから１週間もすれば、「はい、どうぞ」「ありがとう」の声が、よく聞こえてくるようになります。何度も日常的に使っていると、いろいろな場面で、判断して言える子が増え、その結果、教室がしっとりしてきます。

思い出づくり

Q 44 卒業に向けて、何か思い出になるものを残したいのですが。

市販の記念品などはよくあるけれど、この学級だけにしかない特別なものをつくりたいのです。どんなものがよいでしょうか。

A 子どもたちと一緒に、ビデオレターをつくりましょう。

寄せ書きやアルバムなど、思い出になる品物はいろいろありますが、動きのある映像で残す思い出は、また特別よいものです。卒業式を前に、子どもたちがだんだん別れを惜しむ気持ちになってきた頃、「学級のみんなに伝えたいことを、ビデオレターにしてみようよ」と子どもたちに提案してみましょう。最初は「え〜、はずかしい」という子もいるかもしれませんが、1人、2人と撮影が始まると、不思議とみんなその気になって、いろいろとパフォーマンスを考えてくれるようになるでしょう。

撮影は準備ができた人から始め、1人でも、仲良しグループとでもいいでしょう。ただし、撮影中は他の人に見せないようにします。見られていると、素直な言葉を言えなかった

Point

■撮影中は、他の人に見せないようにします。
■日頃からビデオを撮りためておきます。
■ディスク面やレーベルを印刷してオリジナリティーを出します。

り、恥ずかしがったりするからです。後で見てもらうためのビデオですから、秘密の方が見る楽しみが膨らみます。

さらに、学習発表会や遠足などの行事ばかりでなく、普段のそうじの時間とか休み時間なども、ときどきビデオに撮りためておくと、より思い出深いものになります。日ごろの子どもたちの姿を残しておくと、成長する子どもの姿が手に取るようにわかります。そんなシーンも入れて、最後に編集をすれば、立派な卒業記念ビデオレターができ上がります。

今は初心者でも簡単にビデオ編集ができるパソコンソフトがありますし、ディスク面やケースのレーベルも簡単につくれます。ＤＶＤメディアも安価になりましたから、１人ひとりに渡すことができるでしょう。思い切って挑戦してみてはいかがですか。

担任交換のススメ

●小学校の場合、担任の先生と学級の子どもたちはほとんどの時間をいっしょに過ごします。そのため近くにいすぎてなかなか子どもたちの変化に気がつかないことも。そこで、給食の時間だけでも同じ学年や近隣学年の先生方と協力し合って担任を交換することをオススメします。違うクラスに行くと、自分の学級に足りない何かを発見！

●また、子どもたちも担任の先生ではないからこそ違う顔を見せることも。担任交換した後は放課後の情報交流を大事にして、たくさんの目で子どもたちを見守っていきたいものです。

ノートにごほうび

●使い始めは嬉しくて大事にするのに、すぐ落書きを始めちゃって……というノート。途中のページを飛ばして使ったり、「国語のノート忘れましたぁ」「じゃぁ算数ノートの後ろから使ってください」なんてこともよくありますね。先生もノートを使わせる、書かせる場面をよく考えて授業を進めた

ぼろきれ、おがくずを常備しよう！

●子どもが教室で嘔吐してしまうこと、ありますよね。吐いた子も先生も周りの子どもたちもパニックにならないために、おがくずを常備しておくことをオススメします。ばさっとかけると臭いが消え、水分を吸ってくれるので、後は周りからぼろきれで覆ってビニール袋へポンでOKです。手早く片付けることができ、臭いで子どもたちが大変……ということが、まずありません。おがくずは、ホームセンターや製材所などでほぼタダでわけてもらうことができます。ノロウイルスなどの心配がある場合はゴム手袋の使用と消毒、焼却処分をお忘れなく。

新しい教科書を配ったら

●新しい教科書を配る４月と１０月。どの子も大事にそっとめくり「新しい本のにおい！」と嬉しそうです。でも大切にするあまり、いつまでも折り目をつけないまま使う子はいませんか？　一番上の表紙はしっかりと折り目をつけておかないとページを開いた時、自然と教科書が閉じてしまいます。「必ず名前を書いてね！」という指導はどの先生もしますが、表紙の開き方まで注意する人はなぜか少ないのです。子どもたちの教科書の表紙、一度チェックしてみてはいかがでしょう？

いものです。１冊使い終わったらちょっとした賞状やシールのごほうびを出すと、きれいに使おうとする意欲を持続させることにつながります。やっぱりごほうびが出たら頑張りますよね！
●パソコンでオリジナルシールなどをつくるのもいいですね！

日替わり班長

●次の席替えで班を新しくしたら、日替わり班長にしてみませんか？　少人数の中でも長と名のつく役が回ってくると責任感が育ちます。班長の順を決める時「今日は１番目の人が班長ですよ」と言ってもいいのですが、「○番目」の人という代わりに「ラーメン」「チャーハン」「カレー」「スパゲティ」などの子どもたちの好きな食べ物の名前をつけて「今日はチャーハン（の人）！」なんて言うと楽しいですよ。教科書を読む順番も「じゃぁさっきの続きからね、えーっとカレーの残りから！」と当てていくと、教室の雰囲気はぐんと柔らかくなるはず！

他の教室を見に行ってみよう

●学習の記録、学級目標、係のポスター、学期ごとの個人目標などなど……教室に掲示したいものは山のよう！　でも、「なんだか最近掲示物がマンネリ化してきた」とか、「限られたスペースをどう使ったらいいの？」という、悩みも。

●そんな時は、どんどん他の教室を見に行きましょう。きっと、この掲示の仕方はいいな、まねしたいなとか、こういうふうにしたらいいのか！　という発見があるはずです。なんでも最初はまねることから始まります。いいなと思ったら、先輩たちに感想を言ったり積極的に質問したりするのもOK！　さらに秘密のテクを教えてもらえるかも？

学級のテーマソングを

●クラスの団結力を高めたいですよね。みんなの気持ちがちょっと沈んでいるときも、これをやればみんなが笑顔になる。そんな、このクラスだけの特別な活動がひとつあるといいですね。

●学級のテーマソングをつくってみてはどうでしょうか。みんなの意見を取り入れて「歌いたい歌」を決めさせます。アニメソングや流行歌でかまわないのです。これを、朝の会や帰りの会で合唱し、全員に覚えてもらいます。やがて、休み時間に口ずさんだり、運動会の時の応援歌になったりすることでしょう。参観日の時、保護者の前で元気よく歌わせたりすると、学級のまとまりをＰＲすることもできます。

学級内で班対抗

●「明日の学級活動の時間、何をやろうかな」と困ることはありませんか？　差し当たり行事もないし、学級会を開く議題も特にない。算数の補充学習でもいいけど、いつもそれじゃ、子どもたちもイヤになるだろうし。

●そんな時のために、学期初めにチーム分けをしておいて、「ミニバスケットリーグ」や「サッカーリーグ」などを計画してみてはどうですか。学期ごとの試合をあらかじめ決めて対戦表を掲示してお

学級通信に連載コーナーを

●連絡だけの学級通信には、魅力がありませんね。学級の様子を伝える方法もいろいろありそうですが、連載コーナーをつくるのもよい方法です。

●行事に向けての取り組みの様子、飼育や栽培をしている生物の様子……連載のネタや切り口は様々な方法があるはずです。

●わずかなスペースで効果的なのは「1日を絵で表す」というもの。子どもたちの感性でその日でもっとも印象的だったことを絵に表してもらうのです。そのための用紙をつくっておいて自由に持っていけるようにしておけばよいのです。

リーグ戦

き、時間のある時に試合を消化していくのです。簡単な開会式や準備運動、最後には表彰と閉会式をリーダーたちに行わせ、主体性を育てます。「○勝○敗だから、次は頑張ろう！」などと、子どもたちの間でも楽しみな活動になるはずです。

思い出を形に

学級文集づくり

●来年度はクラス編成があるので、あともう少しでこのクラスも解散。何かこの学級の思い出を形にして残したくありませんか。そんな時、学級文集づくりをお勧めします。

●子どもたちには自己プロフィールや学級の思い出、みんなへのメッセージ、イラストなどが書ける自由記述欄などを設けたフォームをつくり、1人1ページ書いてもらうのです。お家の方からのひと言もあると、さらに思い出深いものになりますね。他には、アンケートをもとに学級の10大ニュースを載せたり、思い出の写真を載せたりします。表紙は画用紙かケント紙で。印刷は学校で行い、子どもたちと一緒にページをそろえて製本テープで製本します。手づくりの文集は、この学級だけのいい思い出の品になることでしょう。

【若手教師応援倶楽部】プロフィール

青野裕幸（あおの　ひろゆき）
北海道・江別市立大麻東中学校。前任校は小中併置校。小学校でのきめ細やかな指導をみて大きな衝撃を受ける。中学校でも、それを手本に展開しようとしてはいるものの、なかなか実践できないでいるのが現状か。

赤井真美子（あかい　まみこ）
北海道・北広島市立西部小学校。現在３校目。アラフォー世代になり、教師の仕事の奥深さに開眼。子育てと仕事の両立が課題の今日この頃です。

伊藤　香（いとう　かおり）
北海道・北広島市立東部小学校。現在３校目。時間のなさと戦う２児の母。でも、暮らしの中に「授業のネタ」あり！　教室の中でかたつむりを繁殖させたり、ヘチマを育てたり……。今日もちょっとおもしろいことを探しています。

小出成仁（こいで　なるひと）
北海道・江別市立中央中学校。極小規模複式小学校、小中併置校を経て中学校へ。教員としての土台は小学校、併置校勤務時代に築かれたと思っている。子どもたち１人ひとりを見る目と組織力が足りない。更に成長しなければ……。

相馬恵子（そうま　けいこ）
青森県・弘前市立裾野中学校。小学校の先生をしたのは相当昔の話。今は新入生を向かえるたびに、小学校の先生方が手をかけて育ててきた子どもたちを引き継ぐ重責を感じています。中学校でもやはり、学級は心のよりどころでありたい。

山田もと子（やまだ　もとこ）
北海道・北広島市立西部小学校。現在７校目。６年生５回１年生７回、800人規模から10人規模まで経験しました。歌いたい時に歌い、踊りたい時に踊れる小学校教師の仕事が大好きです。趣味は食べた果物の種まき。

編集●内田直子
イラスト●伊東ぢゅん子
デザイン●渡辺美知子デザイン室

教師の仕事　達人ブック

2010年3月12日　第1刷発行

編著者●若手教師応援倶楽部 ©
発行人●新沼光太郎
発行所●株式会社いかだ社
〒102-0072　東京都千代田区飯田橋 2-4-10　加島ビル
Tel.03-3234-5365　Fax.03-3234-5308
振替・00130-2-572993
印刷・製本　株式会社ミツワ

乱丁・落丁の場合はお取り換えいたします。
ISBN978-4-87051-286-3